欧文·费雪：物价

[韩]洪完杓 著
[韩]黄基洪 绘
滕 飞 译

经典经济学
轻松读

中国科学技术出版社
·北京·

Price by Irving Fisher
©2022 Jaeum & Moeum Publishing Co.,LTD.
|㈜자음과모음|

Devised and produced by Jaeum & Moeum Publishing Co.,LTD., 325-20, Hoedong-gil, Paju-si, Gyeonggi-do, 10881 Republic of Korea
Chinese Simplified Character rights arranged through Media Solutions Ltd Tokyo Japan email:info@mediasolutions.jp in conjunction with CCA Beijing China
北京市版权局著作权合同登记字：01-2022-6216。

图书在版编目（CIP）数据

欧文・费雪：物价 /（韩）洪完杓著；（韩）黄基洪绘；滕飞译 . -- 北京：中国科学技术出版社，2023.9

ISBN 978-7-5046-9973-2

Ⅰ．①欧… Ⅱ．①洪… ②黄… ③滕… Ⅲ．①费雪尔 (Fisher, I. 1867—1947) —价格—经济思想—研究 Ⅳ．① F097.125

中国国家版本馆 CIP 数据核字（2023）第 136665 号

策划编辑	何英娇	封面设计	创研设
责任编辑	陈　思	责任校对	吕传新
版式设计	蚂蚁设计	责任印制	李晓霖

出　　版	中国科学技术出版社
发　　行	中国科学技术出版社有限公司发行部
地　　址	北京市海淀区中关村南大街 16 号
邮　　编	100081
发行电话	010-62173865
传　　真	010-62173081
网　　址	http://www.cspbooks.com.cn

开　　本	787mm×1092mm　1/32
字　　数	52 千字
印　　张	5
版　　次	2023 年 9 月第 1 版
印　　次	2023 年 9 月第 1 次印刷
印　　刷	大厂回族自治县彩虹印刷有限公司
书　　号	ISBN 978-7-5046-9973-2 / F・1166
定　　价	59.00 元

（凡购买本社图书，如有缺页、倒页、脱页者，本社发行部负责调换）

序言

经济学家欧文·费雪（Irving Fisher）一生中主要的贡献是对物价进行的研究。物价算是我们经济生活中的重要部分之一。我很高兴通过费雪教授的理论向大家来介绍经济中的物价这一主题。

大家每天都通过新闻或报纸接触与物价相关的信息，希望大家通过阅读本书，能对物价甚至经济整体有更深一步的了解。

在美国，欧文·费雪被称为计量经济学的先驱。特别是在和物价相关的领域，欧文·费雪留下了很多研究著述。不仅如此，欧文·费雪对统计学、数学也充满兴趣。欧文·费雪一生中总共留下了28本著作，其中18本和经济学相关，其余10本为其他领域的著述。此外，欧文·费雪的足迹不仅仅留在研究室，更是遍布其他多个领域。欧文·费雪是一位非常有活力、有才能的教授。

如果大家读了这本书中欧文·费雪教授关于物价的讲解，并萌生了进一步了解经济学的想法，那我将感到无比的欣慰。这是因为，物价不仅影响着我们的经济生活，而且在经济领域处于核心地位。

最后我想向对这本书的原稿进行编辑、审校的老师以及插画作者表示感谢。

洪完构

独家访谈 | 欧文·费雪

经济学和数学相碰撞

今天我们来认识一下欧文·费雪教授,他关于物价方面的贡献举世闻名,首先,我们对欧文·费雪教授进行一个简单的采访。

记者: 老师您好,首先请您做一个简单的自我介绍,并为我们讲述一下您孩童时期的故事。

费雪：大家好，我是欧文·费雪，今天由我为大家讲解有关物价方面的知识。1867年2月，我出生于美国纽约。在兄弟姐妹中，我排行老三。在我小时候，我的两个姐姐就过世了，只留下了一个比我小7岁的弟弟，他在我成名后出版图书的过程中，帮了我许多。

父亲在我17岁的时候因为肺炎过世了。我的父亲曾经就读于耶鲁大学，所以他希望我也可以去该学校求学，我遵循父亲的愿望而不断努力，最终也被耶鲁大学录取。但是随着父亲的离世，我们的家庭经济状况陷入了窘境。因此，我只好通过奖学金和帮助教授工作来获得一些收入，勉强地维持家庭的生计和学业。

记者：您从小就承担起了家庭的重担，那么您的学生时代是怎么样度过的呢？

费雪： 我在进入大学后没多久，就展现出了数学方面的才能，并开始在学校崭露头角。但是，我并不是只埋头于学习的人。在大三的时候，我获得了赛艇比赛的奖项，还在耶鲁大学的文化杂志上发表了诗作，并成了该杂志的主编。此外，我在学校的演讲大会中获得了第2名的成绩，可以算是多才多艺，并且我在大学毕业典礼上担任学生代表发表演讲。

记者： 老师，您在学生时代真是一位具有挑战精神和冒险意识的学生呀！您说自己在大学时代数学方面表现得很优秀，那么您大学学的专业是数学吗？

费雪： 是的。正如我刚才所讲的一样，我从小在数学方面就有异于常人的天赋，大概正因如此，后来我选择了在大学学习数学和物理学专业。在大学毕业之后，我去了欧洲留学，并于1890年在母校耶鲁大学任教授。

记者： 那么您是从什么时候开始学习经济学的呢？

费雪： 后来，我取得了经济学博士学位，自此以后，我走向了成为经济学家的道路。我和当时其他有名的经济学家一样，都是从数学专业转向经济学。当时，我获得了500美元的奖学金，并成功进入研究院，我喜欢的科目有数学、经济学、物理学。然而，指导我的教授劝我专攻数学和经济学结合的数理经济学。由此可见我当时在数学和经济学方面的才能。在耶鲁大学教授经济学期间，我撰写了很多将数学应用在经济学中的文章。

> **数理经济学**
> 用高等数学的方法对经济理论、现象进行分析的经济学分支学科。

记者：原来如此，但是数学和经济学属于不同的领域，将两种学科结合在一起学习的话，有没有感到很困难呢？

费雪：哈哈，并不困难，反而很有趣。把数学和经济学想成是两种学科的人似乎有很多，但实际上并不是这样的。为了能让大家更方便地理解经济学，我在经济分析中引入了数学。通过统计数据来分析经济实体，以分析结果作为依据，来决定经济政策和企业活动的学科叫作计量经济学。在1930年，我成立了将微观、宏观、计量经济学等众多经济学领域结合

欧文·费雪

在一起的世界最大规模的经济学会——世界计量经济学会。这为开拓近代经济理论做出了划时代的贡献。

记者：欧文·费雪教授，您可谓经济计量学先驱者之一，但是听说您不仅在经济方面建树颇丰，而且在发明创造方面也具备过人的才能。

> **计量经济学**
> 将理论经济学和数理统计学的知识相结合，通过运用数学和统计学的方法与电脑技术，建立经济计量模型为主要手段分析经济并对未来经济做出预测和规划的近代经济学。

费雪：是的，我在创造和发明方面也有很大的兴趣，我一直对发明有着强烈的兴趣。我发明了具有划时代意义的可显示卡片指数系统，并获得了这个系统的专利，成立了可显示指数公司。我在事业上取得了非常大的成就，后来，我将公司与竞争企业合并，并从中赚到了许多钱。合并后的公司不久后成了大型商用计算机制造公司——斯佩里·兰德（Sperry Rand）公司。除此之外，我还担任其他六个公司的董事长职位。

记者： 老师，您真的很了不起！这样看来，老师您过得似乎很幸福。

费雪： 但我还是没能躲过经济大萧条。当时，我把发明赚的钱都投资到股票中去了。我原本以为股价会一直上涨，所以把妻子和姐姐的存款也拿了出来，甚至借钱投资。我还向大家表示：股价将会永远上涨，不会下跌。但是，其实这时候经济大萧条马上就要来了。

在1929年10月29日，股票市场开始暴跌，然而，那时的我还是坚信股价会再次回涨。当时，我手里握着大量股票，但是股价却跌到了谷底。据估计，我因为股票而损失的钱可能高达1000万美元。

> **经济大萧条**
> 1929年，美国股市暴跌，这是有史以来最大的经济危机。在此期间，物价暴跌、生产减少、经济活动麻痹，这种情况一直持续到1939年。德国、英国、法国等均受到影响。

手持100万美元的人，在当时被称为"百万富翁"，更何况1000万美元呢！但是，我的钱就这样一下子化为乌有了。当时我把房子也抵押出去了，耶鲁大学为了让我不至于无家可归，把我的房子买了下来并租给了我。经济大萧条的发生将我的名誉和财富都毁了。

记者： 真的是太遗憾了，那么在经济大萧条之后，老师您是如何度日的？

费雪： 当时我身体和精神上都遭受了非常严重的创伤，但是我没有就此被挫折打倒，而是花了大量时间来分析当时误判的原因，并写成了《大萧条的债务：通货紧缩理论》一书。

记者： 请老师为我们简单地说明一下这本

书的内容。

费雪： 通过这本书，我分析了经济大萧条的产生原因。在市场中流通的货币量增多，利率降低的话，人们贷款就会变得容易。但是各个经济主体的债务负担就会增加。这个时候一旦股票和房地产等资产的价格突然下跌的话，就会对社会产生非常大的危害。

记者： 在那种情况下，您还能如此冷静地分析经济理论，真是了不起。老师您认为物价产生变化的原因是什么呢？

费雪： 货币数量论对此进行了明确的说明。即物价水平是随着货币量的变化而上升和下降的。我在撰写《货币的购买力》和《利息理论》时，以简单的交换方程式解释了传统理论货币数量论。而这就是大家后来熟知的"费雪方程式"。

根据这个交换方程式，货币量增加两倍的话，物价也会上涨两倍。因此，可以说物价变化的原因在于货币量的变化。更详细的内容会在后文进行说明。

记者： 老师通过交换方程式发展了货币数量论，后来被经济学家米尔顿·弗里德曼（Milton Friedman）所继承，并发展成了现代货币主义。我认为您在货币理论上的成就非常了不起。

费雪： 哈哈，怪不好意思的！我的货币理论在分析物价、制定政策方面

米尔顿·弗里德曼

美国著名经济学家，获得了1976年诺贝尔经济学奖。他主张通过自由放任主义和市场机制进行自由的经济活动，并发展了新货币数量论，主张货币政策的重要性。代表作有《资本主义与自由》等。

做出了实质性的贡献,并且对如今中央银行为了保护货币购买力而实施的政策基本理念也产生了影响,对此我感到非常荣幸。

记者: 老师,您的揭示通货膨胀和名义利率关系的"费雪效应"也是非常有名的。啊,不知不觉我们的访谈已接近尾声了。

下面将对费雪效应进行详细的讲解。

好的,谢谢老师接受采访。下面将带大家了解更多有关"物价"的内容。

目录

第一章　价格、物价、物价指数 / 1

物价是价格的集合 / 3

求物价指数 / 7

多样的物价指数 / 21

扩展知识 | 体感物价指数 / 27

第二章　物价上涨下跌的原因 / 31

货币数量论的产生背景 / 33

货币数量论的发展以及交换方程式 / 39

凯恩斯的物价理论 / 43

影响物价变化的因素 / 46

第三章　各国的物价比较 / 57

各国的物价水平 / 59

物价比较呈现出较大差异的原因 / 62

为什么各国的物价水平不同 / 67

扩展知识 | 巨无霸指数和拿铁指数 / 72

第四章　被物价支配的人 / 77

物价变化和经济状况 / 79

通货膨胀和通货紧缩 / 83

通货紧缩 / 94

"D 幽灵" / 104

恶性通货膨胀 / 110

第五章　稳定物价的方法 / 121

稳定物价的手段 / 123

物价稳定的代价 / 128

通货膨胀目标制 / 132

扩展知识 | 核心通货膨胀 / 134

结语　货币量增加，物价就会上涨 / 137

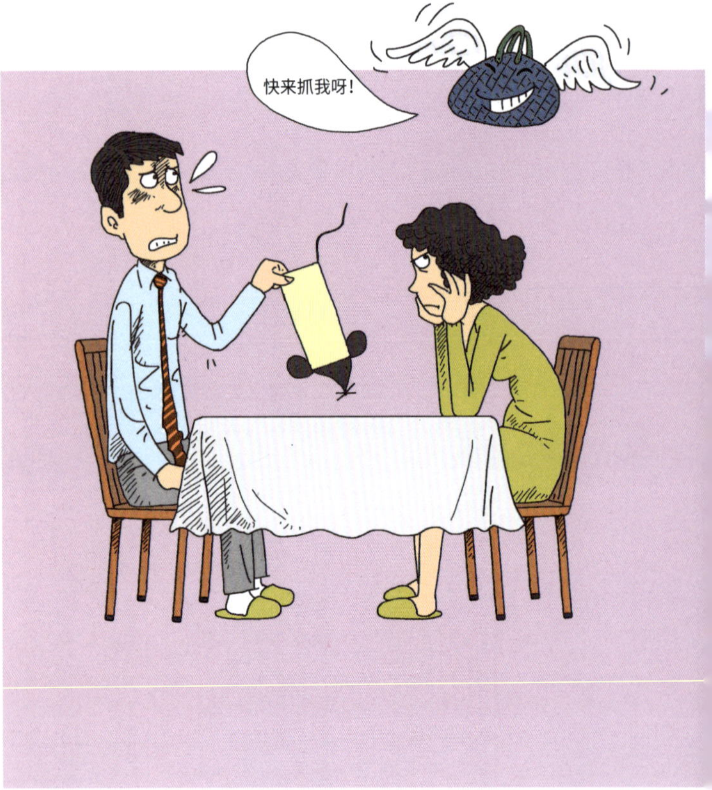
快来抓我呀！

第一章

价格、物价、物价指数

  大家有没有过听父母讨论家里的经济问题的经历呢?虽然父亲每个月都按时领了工资,但是因为物价上涨,所以母亲有时不敢去市场大肆购物。想必很多家庭都有过这样的情况吧。但是,物价到底指的是什么呢?

物价是价格的集合

人们每天都会去商店购买需要的商品。购买商品所需要的金钱的数额便被称为价格。但是，以个别商品的价格高低为标准是难以判断市场整体的价格水平的。

我们购买的商品中既有食品、衣服这种经常会用的消耗品，也有冰箱、洗衣机这种几年才换一次的耐用品。并且在市场中，即使在相同的时间里，商品价格各自的涨跌以及涨跌的

价格

物价

幅度也是不同的，价格变化对我们生活产生的影响自然也不尽相同。因此，为了了解市场上流通着的商品的整体价格水平以及价格走向，"物价"的概念便应运而生。

物价指市场上众多商品的平均价格水平。即，把市场上众多商品的价格汇集在一起，便可以了解这些商品的价格整体走向。

想必还是有一些读者对"价格"和"物价"的概念差异有疑惑。

> 为了购买个别商品所支付货币数额的大小叫作"价格"。但是将众多商品的价格汇聚在一起进行表达时,我们不把它称之为价格,而是称之为"物价"。

举个例子,假设一个苹果的价格是1000韩元①,1本书的价格是10000韩元,一双鞋的价格是50000韩元。那么如果要买一个苹果、一本书、一双鞋的话,总共需要花多少钱呢?是61000韩元。在这里,购买苹果、书、鞋多种商品花费的费用称为"物价"。

如果看一下价格、物价所对应的英语单词的话,就会对价格和物价的概念差异有更直观的了解。在英语中,常常会在名词后面加 s 或

---

① 1000韩元约等于5元,以2022年10月汇率换算。——译者注

者 es 来表示复数。那么,又该如何理解在表示价格的单词 price 后面加 s 的 prices 一词呢?这时,我们便可以理解为"价格们"或者"价格的集合"。

实际上,price 表示价格,prices 表示物价,物价指市场上众多商品的平均价格水平。也就是说,如果把商品的价格比喻成一棵棵树的话,那么物价就是由一棵棵树组成的树林。

物价和货币的购买力息息相关,这在其他方面也可以得到说明。比如大家经常买点心,当物价上涨时,买相同的点心,要花费比之前更多的钱才可以买到。也就是说,为了买相同的商品,要支付更多的钱,那么这时候,货币的购买力便下降了。相反,如果物价下跌的话会怎么样呢?这时候可以用更少的钱买到相同的商品,那么,货币的购买力便上升了。

由此可见,物价和货币的购买力是呈反方向变动的。也就是说,稳定物价与稳定货币的购买力是一样的。

求物价指数

物价体现着市场上众多商品的平均价格水平。但是怎么判断物价的上涨或是下跌以及物价涨跌幅度呢?

> 物价一般通过物价指数这一指标来衡量,将物价以数值来呈现的话,就是物价指数。比如,如果物价指数是120,就表示物价上涨了20%。

使用物价指数就可以体现物价的变化幅度。那么如何绘制物价指数呢?我们一起来看一下原理吧。

费雪是一名在经济分析里引入数学方法的

计量经济学者。所以，从现在开始，为了方便读者的理解，以下内容会引用一些数学知识。有的读者一听到"数学"二字就蹙起了眉头。请不要担心，本书将会用简单易懂的方程式为大家说明的。

物价指数

物价指数指将某个时期的物价定为100，那么用物价指数就可以表示并求出与之相比较的其他时期的物价水平。

比如说，在2011年，一个苹果的价格是1000韩元，一本书的价格是10000韩元，一双鞋子的价格是50000韩元。但是，到2012年，苹果、书、鞋子的价格分别上涨到1100韩元、12000韩元、55000韩元。如果同时购买这3件商品的话，在2011年总共需要花61000韩元，但是，在2012年则需要花68100韩元。也就是说，购买相同的商品，2012年比2011年要多花7100韩元。

用比例怎么来计算这个问题呢？在2012年购买这3件商品的话，要多花7100韩元。那么多花的钱占2011年所花的钱比例是多少呢？也就是7100÷61000×100%=11.6%。也就是说，在2012年购买这3件商品比2011年要多花11.6%的钱。

而这是由每件商品的价格，也就是物价上涨导致的。

下面我们来通过物价指数看一看物价上涨或是下跌了多少吧。为了求物价指数，需要先把某个时期的物价设为100，并将这个时期作为基准年。与基准年相比，物价上涨或是下跌的时期，称为比较年。因此，在上文的例子中，2011年是基准年，2012年是比较年。

以2011年为基准，2012年的物价上涨了11.6%。如果把基准年，也就是2011年的物价指数设为100，2012年的物价指数就是111.6（100+11.6）。以100为基准，当物价指数大于100时，就代表物价上涨；当物价指数小于100时，则代表物价下跌。

像这样，将基准年的物价指数设为100，而比较年的物价指数则通过和基准年进行比较来表示。

为了确认大家是否很好地理解了物价指数这一概念，趁热打铁来看一个问题吧。假设基准年是2011年，比较年是2014年。请依照

表1-1计算2011年和2014年的物价指数各是多少。

表1-1 求物价指数

单位:韩元

	2011年（基准年）	2014年（比较年）
一个苹果的价格	1000	1150
一本书的价格	10000	12000
一双鞋子的价格	50000	45000
总费用	61000	58150

你算好了吗？如果还是没有理解也没有关系，毕竟这可能是你第一次接触到物价指数这一概念，那么下面将提供解答这个问题的思路。

前文提到，将基准年的物价指数设为100。那么，比较年的物价指数就等于2014年购入这

3件商品的总费用除以基准年的总费用,再乘100,如表1-2所示。

表1-2 求物价指数

类别	2011年（基准年）	2014年（比较年）
总费用/韩元	61000（a）	58150（b）
物价指数	100	95.3 [=（b÷a）×100]

基准年2011年的物价指数是100,比较年2014年的物价指数是95.3。因为2014年的物价指数小于100,所以比起2011年,2014年的物价下跌了,下跌了4.7%。

平均物价指数

那么,现在让我们了解一下平均物价指数吧。乍一看,物价指数和平均物价指数似乎是相同的。但事实并非如此，之所以会出现平均物价指数的概念是因为仅凭物价指数无法完全体现物价水平。

以物价指数衡量物价水平只适用于特殊的情况，即只适用于人们在购买同样的商品、同等数量的情况，因此，当人们购买商品的种类不同时，就很难用上文所提到的物价指数作为衡量标准。

再举一个例子，我们来比较一下永哲、恩美、镇洙的总费用吧。假设永哲只购买一个苹果和一双鞋子，恩美只购买一本书和一双鞋子，镇洙只购买一个苹果和一本书。三人总购买费用的变化如表1-3所示。

表1-3 求平均物价指数

单位：韩元

类别	2011年（基准年）			2014年（比较年）		
	永哲	恩美	镇洙	永哲	恩美	镇洙
一个苹果的价格（a）	1000		1000	1150		1150
一本书的价格（b）		10000	10000		12000	12000
一双鞋子的价格（c）	50000	50000		45000	45000	
总费用（a+b+c）	51000	60000	11000	46150	57000	13150

对这三个人来说，通过单纯的物价指数来表示物价水平的话，2011年和2014年的物价有什么区别呢？

如表1-4所示，如果以2011年为基准年，对永哲、恩美、镇洙来说，2014年的物价指数分别是90.5、95.0、119.5。也就是说，对永哲来说，物价下跌了9.5%；对恩美来说，物价下跌了5.0%；对镇洙来说，物价上涨了19.5%。

表1-4　求平均物价指数

类别	2011年（基准年）			2014年（比较年）		
	永哲	恩美	镇洙	永哲	恩美	镇洙
总费用/韩元	51000 (a)	60000 (b)	11000 (c)	46150 (d)	57000 (e)	13150 (f)
物价指数	100	100	100	90.5 [=($d÷a$)×100]	95.0 [=($e÷b$)×100]	119.5 [=($f÷c$)×100]

像这样，如果只是使用物价指数来衡量，就会产生由于每个人购买商品的种类不同，每个人的物价指数也会变成不同的难题。一部分人感受到的是物价上涨，而另一部分人感受到的是物价下跌，这样就难以从整体上判断物价是上涨还是

下跌。因此，有必要确定一个统一的衡量标准向国民告知物价水平，即平均物价指数。

计算平均物价指数需要先分别求出各个商品的价格上涨率，然后将各个商品的价格上升率相加再除以商品的种类数。那么，我们通过以上例子来看一看平均物价指数是如何计算的，见表1-5。

表1-5　求平均物价指数

类别	基准年的价格/韩元（a）	比较年的价格/韩元（b）	价格指数[1][c=（b÷a）×100]	平均物价指数（e÷3）
苹果	1000	1150	115	
书	10000	12000	120	
鞋子	50000	45000	90	
总计			325（e）	108.3

---

[1] 此处的价格指数为商品价格指数，来说明一种商品的价格变动。——编者注

苹果的价格指数（价格上涨率）是115、书是120、鞋子是90。所以，将这3个数值相加再除以种类个数3等于108.3。也就是说，平均物价指数是108.3。与基准年相比，比较年的物价上涨了8.3%（=108.3－100）。

现在大家了解物价指数和平均物价指数的区别了吧。比起物价指数，平均物价指数能更客观地体现出经济整体的物价水平变化情况。因此，平均物价指数可以称为更准确的衡量标准。但是，除此之外，还有加权平均物价指数，下面让我们来看一看吧。

加权平均物价指数

实际上，政府机关等发布的物价指数的计算方式比上文提到的平均物价指数更加复杂。

这是因为在现实生活中，不同种类的商品的重要性不同。

在日常生活中，石油等汽车燃料是非常重要的资源。因此，哪怕价格稍微上涨，也会对人们的生活产生非常大的影响。但是，像冰激凌这种在经济生活中所占比重不是很大的商品，即使价格上升，对人们的生活产生的影响也不是很大。

因此，政府机关等通常会考虑不同商品对经济生活的重要程度并以此为基础来计算物价指数。这种重要程度我们称为各品类商品的加权值。

下面让我们来看一看考虑各品类商品加权值的加权平均物价指数是怎样计算的。为了求出加权平均物价指数，要先确定调查哪些商品品类，当然，为了了解市场整体物价水平的变化情况，应该将所有商品作为调查对象。但是，在调查价格的过程中，实际上会产生许多的困难。所以，为了方便起见，一般选择交易金额大的商品为调查对象。

首先，选定对象之后，按照商品的品类对物价水平进行调查。当基准年的物价指数为100时，可以求出比较年各商品价格指数，然后，将比较年各商品价格指数乘以其所对应的加权值，最后，将它们全部加起来就能得出加权平均物价指数。各品类的加权值根据物价指数的种类不同而另行制定计算标准，将国家整体商品的总交易额或城市家庭消费支出总额中该品类所占的比重等作为加权值使用。

刚才我们已经尝试了求平均物价指数。大

家也可以试着求一下加权物价指数，那么请参考下面的表1-6，让我来为大家进行说明。

首先要求出各品类商品的价格指数。到此为止，只要像求平均物价指数一样就可以了。求出各品类商品的价格指数后，再乘以各品类商品的加权值，最后把它们全部加起来，就可以得出2014年的加权平均物价指数是106.5。

可以看出，加权物价指数与物价指数和平均物价指数存在差异。物价指数与基准年相比

表1-6 求加权平均物价指数

种类	基准年的价格/韩元（a）	比较年的价格/韩元（b）	价格指数 [$c=(b÷a)×100$]	加权值（d）	物价指数（$c×d$）
苹果	1000	1150	115	0.3	34.5
书	10000	12000	120	0.3	36
鞋子	50000	45000	90	0.4	36
总计	—	—	—	1.0	106.5

下降了4.7%，平均物价指数上涨了8.3%，加权物价指数上涨了6.5%。因为比起物价指数，平均物价指数更能体现现实生活的物价水平；比起平均物价指数，加权平均物价指数能更准确地体现现实生活的物价水平。现在大家知道政府机关为什么把加权平均物价指数作为官方公布的物价指数了吧！

那么，现在让我们来了解一下其他各类物价指数吧。

多样的物价指数

以上，我们了解了3种物价指数是如何统计得出的。体现物价变动幅度的物价指数名称不同，意义也是不同的。这是因为使用场景不同，物价指数还有很多种形态。接下来就让我们来了解一下在报纸电视上经常见到的几种物价指数吧！希望大家可以学以致用。

消费者物价指数

消费者物价指数是指通过调查消费者在进行日常消费活动时购买的商品价格的变化，来确定在城镇和乡村中生活的消费者的平均生活费用的物价指数。简单来说，消费者物价指数是为了了解人们日常生活中所需商品的价格变化情况而确定的物价指数。

韩国的消费者物价指数每个月由统计部门编制并发布（图1-1）。为了简化调查，韩国总共选择了消费者使用频率较高的一定数量的商品价格作为

> **消费者物价指数**
> 消费者物价指数用于预测家庭收入的实际购买力变化。在选定对家庭生活产生重要影响的商品和服务后，根据其重要程度不同，计算出不同的比重。

调查对象。消费者物价指数的统计对象包括在日常生活中购买的食品、药品、家电产品等商品的价格，以及学费、房租、公交车费、理发费等。

图1-1 韩国消费者物价指数

注：2005年韩国消费者物价指数为100

在了解消费者需要多少生活费用后，企业经营者常常会参考该指数来调整公司员工的工资。

"消费者物价指数"作为消费者物价指数的辅助指数，于1995年开始编制并发布。将消费者所消费的商品作为物价调查对象,选定了消费者经常购买的一定数量的基本生活用品,并以消费者物价指数来反映这些商品的平均价格变化情况。

该指数最接近消费者在市场上购物时所感受到的物价上涨率,也就是最接近我们常说的"菜篮子物价"的物价指数。

生产者物价指数

生产者物价指数是以生产者将工厂生产的商品出售给批发商时的价格为标准而展开调查的物价变化情况指标。图1-2是韩国生产者物价指数,在韩国,生产者物价指数最早由韩国银行于

> **生产者物价指数**
> 生产者物价指数是在生产者生产的物品销售给批发商的阶段进行计算的物价指数。选定企业间交易的生产材料或成品消费品后进行统计。

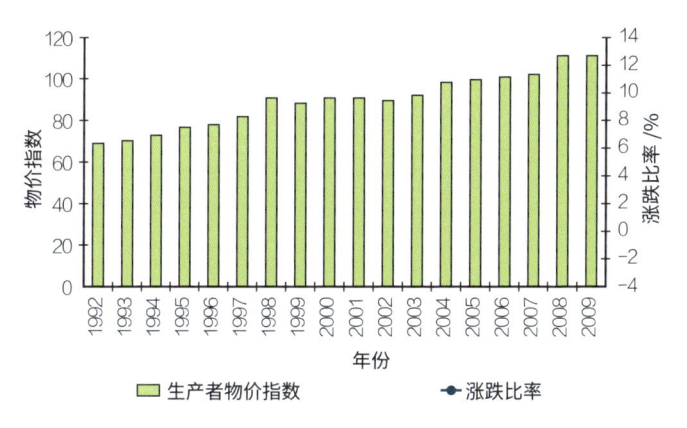

图1-2 韩国生产者物价指数

注:2005年韩国的生产者物价指数为100

1910年开始编制,并在生产者之间的交易商品品类中选定了923个商品的销售价格作为调查对象。

这个物价指数经常在判断市场走向、制定公共预算以及评估企业资产时使用。如果说消费者物价指数主要以消费品为主要统计对象,是从消费者的角度确定的;那么生产者物价指数则是以作为生产原料使用的商品品类为统计对象，从生产者或企业的角度确定的。

进出口物价指数

进出口物价指数是为了了解出口和进口商品的价格变化而确定的物价指数。以出口和进口金额规模较大的商品价格为调查对象，该指标也由韩国银行统计并发布。

进出口物价指数是了解本国进出口相关的企业与外国竞争企业相比，以什么样的价格来出口和进口相关商品的指数。进出口物价指数被用作预测今后进出口变化趋势的重要资料。

今天为大家讲解得差不多了。大家通过本章内容学习了物价和物价指数，以后会对生活中的经济学有更深入的理解吧！

扩展知识

体感物价指数

韩国妈妈们经常会说，政府发布的消费者物价指数比实际上要低。我们去市场了解一下的话，就会发现每年物价上涨20%～30%，但是，根据政府发布的数据来看，消费者物价指数每年上涨2%～3%。那么是政府发表的数据出错了吗？为什么会产生这样的差异呢？

这是由于在求具有主观性的消费者物价指数和求官方客观的消费者物价指数时，所调查的商品品类的加权值不同。

比如说，当经常乘坐公交车的人，发现公

交车费用上涨时，就会感觉物价上涨。但是如果是平时不怎么乘坐公交车的人，即使公交车费用上调也有可能完全感受不到物价的上涨。因此，个人所感受到的物价变动和官方所发布的消费者物价指数很可能会有所不同。

物价上涨得不得了啊，我以后都不敢去买东西了。
妈妈，您老是把物价挂在嘴边，物价到底是什么呢？
物价是市场上众多商品的平均价格水平。
物价上涨，货币的购买力就会下降；物价下跌，货币的购买力就会上升。
物价
物价
怎么判断物价是上涨还是下跌了呢？
通过物价指数判断。
将某一时期的物价定为100，就可以用物价指数体现出与之比较的其他时期的物价水平。
物价指数只有一个吗？
根据使用场景的不同，有消费者物价指数、生产者物价指数等。
明白了！

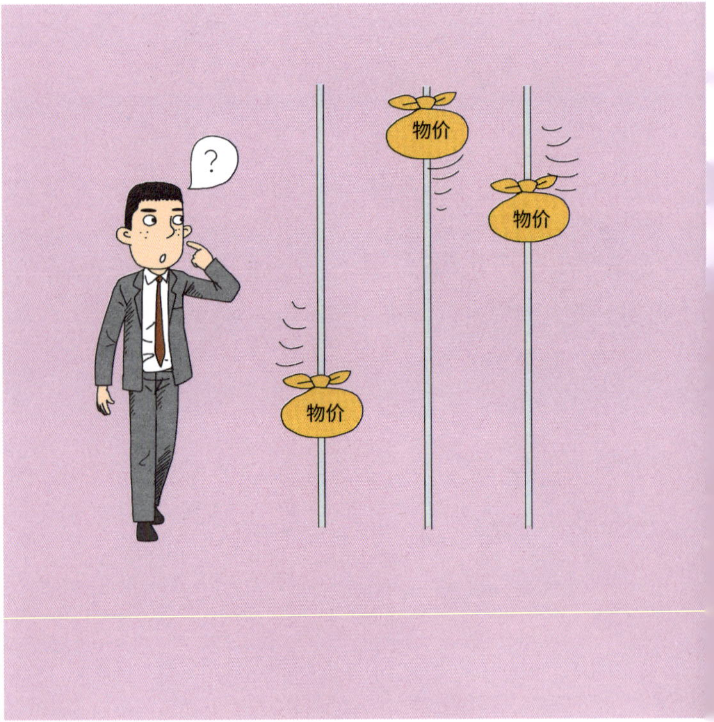
?
物价
物价
物价

第二章

物价上涨下跌的原因

　　为什么需要物价指数呢？这是为了了解比起基准年，比较年的物价上涨或者是下跌多少所确定的。那么为什么物价会上涨或下跌呢？让我们通过交换方程式和货币数量论来了解一下吧。

货币数量论的产生背景

物价有时会上涨，有时会下跌，为什么会发生这种现象呢？数百年前，经济学家认为物价变化的原因非常简单，因为"钱"。准确来说是因为市场上流通的"钱"太多了，所以物价会上涨；市场上流通的"钱"太少了，所以物价会下跌。在市场中流通的货币的数量决定着物价水平。这种想法可谓非常单纯，这种理论被称为货币数量论（The quantity theory of money）。

但为什么数百年期间，人们会认为市场上流通的货币数量决定物价水平呢？让我们回溯16世纪的欧洲来寻找答案吧。

价格革命

16世纪，欧洲采用了将金和银作为货币的复本位制。当时人们认为保证金和银的数量是增加国家财富最有效的办法。于是，欧洲的一些国家开始走向了寻找金银，征服世界的道路。

在1531年，皮萨罗率队伍远征南美洲。印加帝国拥有的大量黄金吸引了残暴的皮萨罗的注意，于是，皮萨罗谎称自己是西班牙派来的使者，借机与印加国王见面并谋

> **复本位制**
> 指不把法定货币的种类限定为一种，而是用金、银两种金属作为法定货币流通的货币制度。

杀了印加国王。

以16世纪皮萨罗征服印加帝国为起点，西班牙在墨西哥、秘鲁、玻利维亚等国家正式开始攫取贵金属矿产。特别是玻利维亚的波托西银都被开发以后，流入西班牙塞维利亚的银的数量大幅度增加。

随着金银大量地流入欧洲，欧洲的经济发生了翻天覆地的变化，这就是所谓的价格革命。美国的经济学家哈密尔顿（Hamilton）在1934年出版的著述《1501—1650年美洲白银与西班牙的物价革命》中首次提出了"价格革命"一词。那么，究竟物价上涨多少才会被称为"革命"？

从16世纪30年代到17世纪，西班牙等国家的谷物价格大约上涨了3倍，而韩国的消费

价格革命

价格革命也称物价革命,是指欧洲的许多国家物价急速上涨的现象。随着美洲国家出产的廉价金银大量流入欧洲各国,欧洲的物价上涨。价格革命成为近代资本主义发展的一个重要原因。

者物价从1965年到2005年的40年期间,上涨了28.5倍。虽然这和韩国的物价上涨相比微不足道,但是以当时的标准来看,这是具有划时代意义的。

当然,虽然在13世纪和第一次工业革命时

期，也出现了物价上涨现象，但是相较16世纪的物价上涨程度来说，前者上涨的幅度并不算大。因此，可想而知，当时经历着这种前所未有的经济现象的人们该有多么困惑。

> **第一次工业革命**
> 第一次工业革命是指18世纪60年代在英国开始的技术革新，并引起了社会经济构造的变革。更广泛地来讲，这次革命使英国从农业社会走向工业社会。

哈密尔顿指出：无论金银，数量增多的话并不一定会使国家富有，反而可能会导致物价上涨。

货币面纱论

在结婚典礼上，新娘佩戴的面纱英语称为veil。经济学者把货币比喻为面纱。为什么这样比喻呢？

在当时，经济学家认为：金银这样的货币

最重要的职能是作为流通手段。他们意识到，金银等货币的增加并不意味着国家变得富有。要使国家变得富有，应该提高国家的生产力。

也就是将确定生产量或生产能力的实物因素和确定价格或物价水平的货币因素分开来看。包含费雪在内的古典学派经济学家认为，货币只不过是使商品和服务能够顺畅流通的工具而已。实物经济的生产水平、消费量、储蓄量等不会受到货币数量增减的影响。

他们认为货币只不过是包裹实物部门的一层面纱。因此，产量等实物变量完全不受货币数量的影响，由实物部门决定；物价等因素不受实际部门的影响，由货币部门决定。古典学派经济学家将这种看法称为"货币面纱论"。

古典学派经济学家主张物价完全由货币决

定。而这成为物价是与市场上流动的货币数量成正比的货币数量论的根据。根据货币数量论，决定国家经济实力的因素不是货币数量，而是投入的劳动力和过去投资形成的资本量等实物因素。像这样将货币部门和实物部门分离开来理解经济的思考方式被称为"古典二分法"。

货币数量论的发展以及交换方程式

将经济分为实物部门和货币部门的"古典二分法"和物价由货币部门决定，与市场上流通的货币数量成比例的"货币数量论"，到20世纪初为止，上述这些理论成了说明物价变动的传统理论。费雪厘清了过去延续数百年的货币数量论，以此为基础，把前辈经济学家一直坚信的货币数量论通过交换方程式加以解释，最终诞生了"费雪现金交易数量说"。

费雪对货币数量和物价水平的关系进行了系统阐释，开辟了货币数量论以更加复杂、更加精巧的形式发展的道路，为后世经济学者的研究提供便利。所以，如今有一些经济学者评价，费雪是用现代手法诠释货币数量论的信奉者。

交换方程式以下面的等式为出发点。在交易过程中，经常会存在售卖商品的卖家和购买商品的买家，并且售卖的商品的价值应该与卖家收到的货币金额相等。另外，销售的商品价值等于货币的流通速度乘货币量。在这里，货币的流通速度体现着货币在规定时间内平均用于几次交易。

$$M \times V = P \times T$$

M：货币量　　　V：货币的流通速度

P：物价水平　　T：商品交易量

如果再加上几个假设就可以得到现金交易数量说。费雪认为，货币的流通速度 V 由制度因素、交易习惯决定，所以货币的流通速度在短期内是恒定的。此外，古典学派的传统看法认为，生产往往是在可生产最佳状态下进行。因此，可以假设商品和服务的交易量 T 在短期内也是恒定的。

在这种假设下，货币的流通速度 V 与商品和服务的交易量 T 是恒定的。那么，便可以得出：货币量 M 和物价水平 P 呈正比例关系。先看一下前文的公式，在 V 和 T 恒定的情况下，M 和 P 自然呈正比例关系。也就是说，当货币

量增长两倍时，物价同样也会增长两倍。

因此，现金交易数量说主张货币数量和物价水平呈正比例关系。费雪通过创造交换方程式，并且以货币数量论为支撑，得出了在长时间内物价上涨或下跌的原因在于货币数量的变化的结论，也就是货币数量增加、减少会导致物价水平发生变化。但是，比费雪小16岁，在英国出生的经济学家凯恩斯（Keynes）主张：包括费雪在内的古典学派经济学家主张的货币数量论是错误的。那么凯恩斯到底提出了什么理论呢？

> **凯恩斯**
> 英国经济学家，创立了强调有效需求增加的凯恩斯经济学理论。批评了现有古典学派经济学家的理论，并主张重视政府短期政策的实施。主要著作有《就业、利息和货币通论》。

凯恩斯的物价理论

20世纪初，随着经济大萧条的爆发，人们对当时主流的经济理论的信赖瞬间消失。这是因为古典学派经济学家坚信：从长远的角度看，市场经济常常会自发调节从而产生完美的结果。也就是说，只要政府不干预市场的话，从长远的角度来看，就不会产生失业者和生产过剩现象，并且生产过剩、生产不足的状态也不会持续下去。但是，和古典学派经济学家的预想不同，1929年经济大萧条发生之后，失业人数暴增，许多企业无法卖掉生产的商品，最终只能倒闭。

向企业贷款的银行也未能收回借出去的贷款，最终与企业一起宣告破产。街上充满了失业者，社会混乱不安。出现了与以往古典学派经济学所主张的不同结果。

就在这时，出现了一位叫凯恩斯的经济学家，他主张从现有的古典学派经济学中摆脱出来。凯恩斯表示：这样下去的话，我们都会死，并强调不能只相信市场，等待事态进一步恶化。另外，凯

> 1929年10月24日，美国的股价在一夜之间暴跌，在这之后，经济大萧条席卷欧洲地区，并一直持续到1939年。这次经济大萧条使美国的失业率达到25%。1932年，美国的工业产量比经济大萧条之前减少了44%。

恩斯表示"货币面纱论"以及主张货币部门和实物部门相互分离的"古典二分法"都是错误的理论，凯恩斯提出了与现有古典学派经济学家不同的经济理论。

在凯恩斯之前的物价理论——货币数量论并没有掌握货币的流向与商品的生产过程的关系。而凯恩斯将物价变动与经济变动过程联系起来进行说明，对货币量和物价的关系提出了以下新理论。

凯恩斯的物价理论和货币数量论主要有两点不同。

第一，货币数量不一定和物价水平呈正比例关系。

第二，为了说明货币量的变化对物价水平的影响，一定要同时参考商品产量的变化。

| | 货币数量和物价水平 ||
	费雪	凯恩斯
货币数量和物价水平	·根据交换方程式，二者呈正比例关系	·二者不一定呈正比例关系 ·也要考虑商品产量的变化

前文说明了货币面纱论，根据古典学派的经济学家的主张，物价是由货币因素决定的。但是，凯恩斯主张，为了说明物价的变化，必须同时考虑货币部门和实物部门。因此，有人认为，自凯恩斯之后，产生了与之前的古典学派经济学有明显区别的新经济学理论。

影响物价变化的因素

大家有没有听过凯恩斯经济学呢？凯恩斯经济学是将凯恩斯主义进一步发展后得来的经济学。费雪通过货币数量论阐述了物价上涨或下跌的原因。而凯恩斯经济学认为：物价变化的原因不只在于货币数量的变化。那么，在凯恩斯经济学中，影响物价变化的因素到底有哪些呢？让我们来看一看吧。

生产成本因素

制造商品所需的费用，即生产成本的变动会使物价发生变动。生产成本由原材料费用、汇率、工资、利息、税金等决定，其中最重要的是原材料费用。

> **汇率**
> 汇率是指两种货币之间的兑换比率，即一国货币与另一国货币的比价、兑换率。

特别是对韩国来说，生产商品所需要的原材料大部分依赖于进口，所以，当国外原材料价格上涨时，就会对韩国国内的物价产生非常大的影响。在20世纪70年代，曾有过两次国际原油价格大幅度上涨的现象，韩国国内物价也因此受到了影响，呈现大幅度上涨的趋势。

此外，将外币转化为本国货币的时候，如果汇率发生变动，对物价也会产生很大影响，特别是在进出口占比大的国家。

试想一下，向国内进口1美元的商品，如果之前1美元可以兑换1000韩元，而现在1美元可以兑换1100韩元的话，那么以美元计价的进口原材料价格为1美元不变，但是兑换成韩元的话就会从原来的1000韩元上涨为1100韩元，涨幅达到10%，因此，汇率是进口商品物价上涨的原因之一。

相反，假如汇率降低会发生什么呢？假设汇率

> 韩国资本不足、国内市场狭窄，很多投资资本都是从海外筹集的。韩国通过出口扩大了经济规模。但是，这种经济结构对海外经济变动的反应非常敏感，容易受到世界经济变动的影响。

降低，进口原材料的成本就会下降，从而出现物价下跌的现象，所以，汇率的变化也会对物价产生影响。

我们再来看一看，在生产成本中占有很大比重的工资的情况吧。根据劳动者生产效率的不同，工资对物价产生的影响也不同。

> 汇率上升也会导致韩国进口的原材料或零部件等价格上涨，成为韩国国内物价变动的原因之一。这时，出口的商品可以以更低的价格出售，而进口的商品则会以更高的价格购买。因此会造成出口增加，进口减少。

即使提高工资，但是每个劳动者的生产效率相较于之前提高的话，制作商品所需要的工资成本反而会降低，因此企业的商品价格会下降。如果工资上涨，但每个劳动者的生产效率比工资增加幅度更低的话，生产每个商品所包含的工资成本反而会上升，因此商品的价格也

第二章 物价上涨下跌的原因 ◆ 49

> 商品价格上涨,导致商品的价格竞争力下降,出口就会变得困难。出口额减少会导致生产规模缩小,劳动者就会失业。因此,最喜闻乐见的情况是随着劳动者生产效率的提高而上调工资。

会上升。

因此,工资也是物价上涨的影响因素之一。

需求方和供给方因素

对于商品的需求和供给不对等也是使物价发生变动的因素。也就是说,想要购买商品的消费者有很多,但是商品的供给量无法满足需求量,此时商品处于供不应求的状态,会导致物价上涨。相反地,当想要售卖商品的人很多,而想购买商品的人少时,就会导致物价下跌。

想必大家也曾经历或听说过,在发生洪水台风这样的自然灾害之后,农产品的价格很容易暴涨。

某一年冬天由于韩国暴发严重的口蹄疫,

大家都没有办法回家过年。那个时候，很多的牛和猪被屠宰消杀，导致很多人无法吃到美味的牛肉和猪肉。由于想买肉来吃的人很多，但肉的供给量却很少，所以物价大幅度上涨。

大家还记得2011年3月，在日本发生的地震海啸导致的福岛核泄漏事故吧。此次事故导致放射性污染物被泄漏，日本对水产品的需求急剧减少。奇怪的是，发生在日本的核泄漏事故却导致韩国的萝卜价格下跌了，这是为什么呢？

这是因为韩国的寿司店常常会用萝卜来装饰菜品。随着水产品的需求减少，作为互补品的萝卜的需求自然而然也就减少了。

此外，像原油、钢铁等主要生产原材料如果突然短缺的话，也会发生供不应求的现象。

这时，如果原材料价格继续上涨的话，就会导致物价大幅度上涨。

那么，还有什么因素会影响物价呢？正如个人手头可支配的钱多了，开销就会随之增加一样，从整个国家来看，如果市场上货币数量增加，家庭消费和企业投资等需求也会增加。这时，如果国内供应或国外物品进口的增加能够相应地满足这种需求，物价就不会变动。反之，物价就会上涨。

第一次世界大战结束后，德国在收拾战后残局的过程中采用了滥发货币的措施。随着在市场中流通的货币变多，消费需求和投资需求也随之上涨。

福岛核事故
这是日本福岛第一核电站发生的核泄漏事故。此前日本东北太平洋地区发生里氏9.0级地震，引发海啸，导致核电站冷却系统出现故障，从而引发了核泄漏事故。随着放射性污染物质泄漏，人们的不安情绪越来越显著。

互补品
指需要与另一种商品一起消费的商品。

但是由于战争的破坏,供给无法满足需求,最终导致物价的极速上涨。钱的购买力急剧下降。

在这种情况下,可以说是需求方因素和供给方因素共同导致了物价上涨。

像凯恩斯这样杰出的经济学者的出现,使费雪在货币数量论领域留下的贡献失去了很多光彩。但是,货币主义经济理论登场以后,货币数量论再次受到了关注。所以,大家最好理解一下货币数量论的概念。

> **货币主义**
> 也被称为重货币学派、货币学派。也就是说,在经济活动的政策手段中,货币政策是最主要的。最具代表性的货币主义者是米尔顿·弗里德曼(Milton Friedman)。

老师，请问物价为什么有时上涨，有时下跌呢？

根据货币数量论，这是货币数量变化导致的。

在经济中，市场上流通的货币数量太多，物价就会上涨；市场上流通的货币数量太少，物价就会下跌。

这么多金子，只能换来一颗葡萄？

16世纪，随着流入欧洲的金银数量突然增多，物价暴涨。这时，人们意识到，货币多并不意味着国家富有。货币不过是包裹实物的一层面纱而已。

费雪通过交换方程式进一步论证了货币数量论。

$M \times V = P \times T$

货币数量并不总是和物价成正比。

荒唐！

货币数量和物价水平不一定成正比。此外，为了说明货币数量对物价的影响变化，同时也要考虑产量变化。

没那么简单！

这也太打击人了。

1000000 韩元　　1000 美元

第三章

各国的物价比较

　　大家有没有去过国外？在国外的商店里有没有见过和本国商店里一样的商品呢？怎么样，跟在本国购买时相比价格不一样吧？我为什么突然问这种问题呢？这是为了观察本国的物价水平是否高于其他国家的物价水平。

各国的物价水平

和其他国家相比,韩国的物价水平怎么样呢?根据比较的标准不同,结论也会不一样。那么下面我们来看一看,根据不同机关标准所测定的各国物价结果有什么不同吧。

美国商务旅行新闻(Business Travel News)标准

让我们一起来看一看美国商务旅行新闻发布的榜单吧。以企业家旅行时使用的旅行经费为标准，在首尔度过一天的所需费用是396美元。在除美国大城市以外的世界100大城市中，首尔排名第8，可见韩国物价非常高。

这里的旅行经费是指以在该国最高级的酒店里入住的企业家所需的费用为标准，包括了一天的住宿费、伙食费、洗衣费、出租车费等各种费用。根据该标准，俄罗斯的首都莫斯科排名第1，英国伦敦排名第2，法国巴黎排名第3，日本东京排名第25。

联合国职员的海外出差费支付标准

下面以联合国职员到世界各国出差的日差津贴费用为基准，来比较一下世界各大城市的物价水平。

以联合国支付给职员的海外出差津贴(以

2007年3月1日为标准)为标准,首尔的日滞留费用为366美元,属于非常高的水平。按照这个标准,美国纽约为347美元,日本东京为280美元,英国伦敦为415美元,俄罗斯莫斯科为401美元。

跨国企业驻外人员的生活费标准

下面让我们来看一看其他的标准吧。根据美世(Mercer)咨询公司的跨国企业驻外人员的生活费计算资料:主要城市物价中(以2006年3月为基准)首尔的物价在144个对象城市中排名第2。此外,俄罗斯莫斯科排名第1,日本东京排名第3,中国香港排名第4,英国伦敦排名第5,美国纽约排名第10,法国巴黎排名第15。

经济合作与发展组织（OECD）发布的物价水平

根据经济合作与发展组织提供的数据，韩国的物价指数为60（根据2002年标准，经济合作与发展组织成员国的平均物价指数为100）。在42个国家（包括经济合作与发展组织非会员国）中处于中下位。

然而，经济合作与发展组织并没有利用自身统计资料对国家物价水平进行排名，只是将其分为4个等级。根据这个标准，韩国的物价水平一直维持在比较低的水平。

物价比较呈现出较大差异的原因

根据调查机构和调查对象的不同，调查结果会呈现出很大的差异。

那么，为什么会产生这种结果呢？为什么韩国的物价水平比其他国家更高呢？有如下几个原因。

第一，入住高级酒店、用餐、打高尔夫球以及租赁高级进口汽车等活动主要是由富裕的少数群体进行并消费。在韩国，这种特定商品品类的物价水平一般与发达国家相似或更高。但是，发达国家的高收入群体所偏爱的特定商品品类及服务的供应，在收入水平较低的国家只能有限制地进行消费。因此，与其他品类和服务相比，消费此类商品和服务，所体验到的物价水平则会偏高。

在调查物价水平的时候，如果只注重这些特定群体消费的少数商品品类而不考虑服务质量的差异，会导致外国人的体感物价偏高。因此，以高收入群体主要消费的商品品类为中心调查的物价水平，与实际物价水平相比最终呈现出相对偏高的结果。

第二，比较对象品类在一定水平以上时，如果对特定群体主要消费的品类赋予较高的加权值，那么，根据调查机构的不同，计算得出的物价水平也会出现相当大的差距。

比如，据美世咨询公司发布的主要城市物价比较数据（以2006年3月为标准）：在属于高收入群体的跨国企业高管的消费支出中，韩国首尔的物价在144个调查城市中排名第2，属于非常高的水平。但是，根据联合国职员的海外出差费支付标准所计算得出的零售物价指数（以2006年12月为标准），韩国在173个城市中排名第20。

像这样，根据调查机构任意规定的物价调查品类的加权值不同，可能会带来比较物价水平结果的差异。

第三，每个国家使用的货币不同也会导致物价不同。不同国家的货币进行兑换时，货币之间的兑换比率叫作汇率。汇率只能用于比较国家之间的物价水平。因此，对于换算成美元等共同货币的个别国家，汇率的变动对物价水平影响巨大。

大家对汇率的换算是不是感到头疼呢？为了帮助大家理解，下文将通过举例来进行说明。假设在2006年，1291韩元可以兑换1美元，在2011年，929韩元大约可以兑换1美元。在2006年一碗牛杂汤的价格为10000韩元，换算成美元大约是7.75美元。但是随着汇率的变化，在2011年10000韩元，换算成美元大约是10.76美元。也就是说，即使2006年和2011年一碗牛杂汤的价格保持在10000韩元不变的情况下，如果换算成美元就会发生变化，一碗牛杂汤的价格从7.75美元上涨到10.76美元。因此，到韩国的美国人就会感觉到物价大幅度

上涨。

像这样,我们可以发现,即使本国的商品价格没有发生变化,但是,如果汇率发生变化,那么用外币换算出来的价格也会发生变化,进而物价也会随之变化。

大家是不是觉得汇率有一些复杂呢。请不要过于担心,再仔细思考一下吧。如果有机会去国外旅游,大家在买完东西之后可以直接用该国货币进行支付,如果用本国货币进行支付的话也要考虑一下要支付多少钱,亲身经历的话会更容易理解。

为什么各国的物价水平不同

一物一价法则

所谓一物一价法则是指相同的产品在任何

一个地方都应该以相同的价格进行出售。该法则只有在商品不受任何限制，在短时间内可以自由移动到任何地方的前提下才可以成立。

例如，假设一个苹果的价格在首尔是1500韩元，在釜山是1000韩元，并且，所有商品都可以在没有任何限制的状态下自由地移动。那么想必商人们都会为了赚取500韩元的利润，把釜山的苹果拿到首尔来卖吧。

那么会产生怎样的结果呢？过不了多久，首尔和釜山的苹果价格就会趋同。为什么会这样呢？这是因为在釜山，苹果销售火爆会导致苹果价格上涨，而在首尔市场上苹果的供应量突然增多，则会导致苹果价格下降。这就是我们所说的，

> 服务产品不能成为贸易对象，因此不适用于一物一价法则。另外，在现实生活中可能会需要很多的时间和交易成本。因此，有可能无法进行交易。

同样的商品以同样的价格进行销售的一物一价法则。

假设所有商品都不受任何限制可以自由移动,那么无论是在哪个国家,同样的商品都应该以相同的价格进行交易。因为适用一物一价法则,这些国家都会表现出相同的物价水平。

但是在现实世界中,我们通过物价指数发现事实并不是这样的。那么为什么不同的国家的物价水平会不同呢?

为什么发达国家的物价水平高

一般来说,发达国家的物价水平明显高于发展中国家。为什么会产生这种现象呢?下文将通过三位经济学家的观点来为大家进行说明。

美国经济学家贝拉·巴拉萨（Bela Balassa）
认为，如果将产业分为出口产业和非出口产业（内需产业），由于出口产业主要是制造业，因此生产效率很快会得到提高。也就是说，即使在价格不大幅上调的情况下，生产也很容易大幅增加。那么，作为非出口产业的内需产业又会怎么样呢？

非出口产业主要是服务业。因此，很难实现机械化或自动化，生产效率的提高必然很缓慢。大家试想一下理发师剪发、厨师制作食物、出租车司机驾驶等服务产业的特性就很容易理解其原因了。

一般来说，出口产业的产品在全世界任何一个地方的价格都是相近的。但是，像服务产业这种难以出口的产业的产品价格，即内需产业的产品价格，发达国家会明显高于发展中国家。由于内需产业的价格差异，发达国家的物价水平会比发展中国家的物价水平更高。

韩国的情况也是如此。在过去40多年，随着经济快速发展，物价水平也大幅度上涨。特别是与作为出口产品的工业品价格相比，内需产品价格上涨的幅度更大。

经济学家克拉维斯（Kravis）和利普西（Lipsey）认为，由于各国的蕴藏资源不同，物价水平也会出现差异。在发达国家，与资本不足相比，劳动力不足的情况更为常见，因此发达国家需要支付给劳动者的工资更高。这就会导致服务业比重较高的内需产业的产品价格提高，发达国家的整体物价水平也会随之提高。

扩展知识

巨无霸指数和拿铁指数

由于世界各国的货币单位和价值不同,所以比较各国的物价,并不是一件容易的事。但是有些商品是普遍存在于各个国家的,如果以大小、材料、质量都相同的标准化商品的价格作为衡量标准,各国的物价水平就会更容易进行比较。通过这个方法,将物价进行比较的代表性指数就是将麦当劳的汉堡价格进行比较的"巨无霸指数",以及将星巴克的咖啡价格进行比较的"拿铁指数"。

通过巨无霸价格来看物价

麦当劳的巨无霸汉堡如今在很多国家都进行售卖，无论是味道还是外观都大同小异。但是制作巨无霸汉堡所需要的原材料、劳动力则属于当地资源，并且麦当劳店面的租金随着当地的房价不同也千差万别。因此，这就导致了在不同的地区，巨无霸汉堡的销售价格是不同的。巨无霸汉堡的价格体现了售卖地区的物价水平。

通过星巴克咖啡看物价

和麦当劳的汉堡一样，星巴克也在世界上很多城市售卖同样的产品。在星巴克咖啡店中最畅销的可能就是美式咖啡，我们可以通过比较美式咖啡在各个国家的销售价格，进而间接比较各国的物价水平。

韩国消费者院将2008年5月世界几个国家的8种星巴克咖啡的价格与平均汇率进行了比较，首尔星巴克咖啡的价格排在第4位。

我在美国买的新鞋怎么样？只花了7万韩元。
和我买的一样，我的花了10万韩元呢。
为什么价格不一样呢？
了解各个国家的物价水平差异后就知道为什么了。
3.000
2.500
根据经济合作与发展组织的标准，韩国的物价水平处于中下位。
什么！
OECD
根据调查对象、调查机构、汇率等不同，物价水平可能也不同。但为什么发达国家和发展中国家的物价水平会不同呢？
这主要是由以服务业为中心的内需产业的产品价格差异导致的。
巴拉萨
我们认为，这是因为每个国家的蕴藏资源都不一样。
发达国家劳动力不足，导致工资水平较高，所以物价水平也高。
发达国家

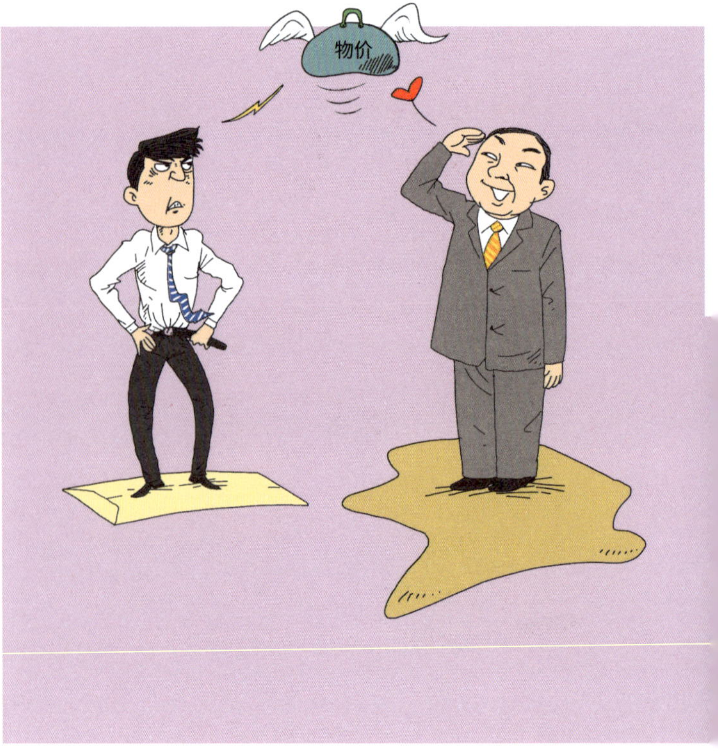
物价

第四章

被物价支配的人

对于普通上班族,物价上涨是件让人烦恼的事情。这是因为,对他们来说,物价大幅上涨,但每个月工资却不会有多大的变化。但是,对拥有许多土地的人来说,物价上涨却是一件值得开心的事情。这是因为物价上涨后,自己所拥有的地价也会随之上涨,财产也就会增多,这当然值得开心了。因此,从经济层面来讲,物价如果上涨,既有利益受损的人也有因此受益的人。下面让我们来看一看,物价上涨和下跌,分别会产生哪些经济利益和造成哪些损失吧。

物价变化和经济状况

一般来说，物价以缓慢的速度上涨的话，对经济是有好处的。如果物价快速上涨，对经济整体来说并不是一件好事。因为物价快速上涨的话，可能会导致经济停滞。

比如，对企业来说，如果物价以缓慢的速度上涨，随着时间的推移，企业利润就会增加。为什么会这样呢？这是因为企业通常通过借贷来购买生产原料、机械设备以及雇用劳动力。在大部分情况下，企业通过售卖所制造的商品可以偿还之前的贷款。当物价持续缓慢上涨时，企业通过销售商品，会逐渐形成比起生产成本，销售额增加的结构。而这直接关系到企业利润。

企业利润增加，生产规模会随之增加，生产规模增加，劳动力也就会增加。最终，随着失业率的减少，工资就会上涨。在劳动力市场，由于劳动力不足，所以劳动力成本会逐渐上涨，随着物价以这种方式上涨，经济就会进入良性循环，人们的可支配收入也会逐渐增加。

让我们来简单整理一下这一连串连锁反应。

缓慢的物价上涨→企业的利润增加→生产

规模扩大→劳动力市场有活力→失业率下降

那么物价和利率的关系是怎么样的呢？结论是物价上涨会导致利率上涨，这是为什么呢？这是因为物价快速上涨，对经济整体会产生恶劣影响。所以政府看到物价快速上涨就会采取货币政策调高利率来进行调节。

利率上调的话，人们为了得到利息收益就会倾向于把钱存入银行，市场上流通的货币就会进入银行。那么在市场上流通的货币量减少，在一定程度上也可以防止物价上涨。

从另一个角度来说，如果物价一天比一天高，消费者就会在物价进一步上涨之前，尽快地购买商品，即使从银行借钱也要购买商品，如果想要借钱的人变多，根据

利率
是指一定时期内利息额与借贷资金额的比率。

需求和供给的理论，利率就会上涨。

那么相反的情况如何呢？乍一看，商品价格会降低，对民众来说，似乎是一件好事，但是从经济整体来看，比物价上涨更糟糕的是物价下跌。

对企业来说，如果物价下跌，随着时间的推移，企业的损失就会越来越大。那么企业为了尽快回笼资金，只能以低于生产成本的价格进行销售。企业会尽可能地不让工厂继续运转下去，因为不启动生产线就不会亏损。

最终，企业将不会向银行借钱进行投资来扩大生产规模，因为在工厂不运转、生产规模减小的情况下，劳动力成本就会减少。进而，劳动力供大于求，所以工资就会下降。

那么物价下跌和利率的关系是怎样的呢？

物价如果持续下跌，消费者也没有必要一定要在短期内购买所需商品，因为晚一点再买的话，就可以以更便宜的价格购入。消费者想通过"钱滚钱"的方式获得更高的利息收益，最终这些货币会流向银行。最终，银行的存款增加，根据需求和供给的原理，利率就下降。

通货膨胀和通货紧缩

物价水平一般不维持在某一个水准，而是经常发生变化。价格根据需求和供给的变化而不断发生变化。由于物价是价格的集合，因此物价也会随之不断发生变化。这时，物价水平持续上升的现象，就称为通货膨胀。"通货膨胀"一词源于"充气，使膨胀"（inflate）。

据说，以前牛贩会在卖牛之前给牛喂食很

多用盐腌制的干草。这样,喝了比平时更多水的牛称重时就会比平时更重,最终卖得更好的价钱。这和通货膨胀的原理很相似。那么通货紧缩是什么呢?

通货紧缩和通货膨胀是完全相反的概念,通货紧缩是指商品和服务的整体价格水平,即物价水平持续下跌的现象。

最具有代表性的通货紧缩案例就是1929年到1933年之间发生于美国的经济大萧条。从1929年到1933年之间,物价以年平均10%的速度急速下跌。此外,日本在20世纪90年代初后的10年间也经历了通货紧缩。

那么,物价像这样持续上涨或是下跌,对人们的经济生活会产生怎样的影响呢?我们先从物价持续上涨的通货膨胀现象说起吧。不过，值得注意的是，根据可预测和不可预测两种情况的不同，通货膨胀所带来的影响也有所不同。

通货膨胀可预测的情况

如果可以准确地预测未来的通货膨胀，那么由通货膨胀所带来的对经济生活的影响就会很大程度地降低。这是因为所有的经济主体已经准确预测了通货膨胀会发生，并提前实施相应对策。

比如说，如果预知一年后物价上涨率为5％，那么工人们就会提前向老板要求将自己的工资提高。同样的，准备贷款给别人的人由于提前知道一年后的物价上涨率为5％，所以在借钱时会将利率再提高。

那么消费者投资又会如何呢？同样，如果可以提前预知通货膨胀的话，就可以提前调整自己的投资行为。最终，即使物价上涨，各经济主体也不会遭受意外的巨大损失。

但是即使可以预测，由通货膨胀带来的以下几点损失也是无法避免的。

第一，如果可以预测通货膨胀，那么人们会尽量选择不持有现金，因为现金的购买力会随着通货膨胀而降低。随着物价的上涨，可以用现金购买的商品数量会越来越少，现金的购买力就会下降。因此，人们更加愿意将现金存起来。这样的话，每当人们需要现金时就会来银行取钱。

像这样为了减少现金的持有量，经常去银行取钱、存钱的话，就会产生包括交通费在内的多种费用。这时所产生的各种费用,统称为"鞋底成本"(shoe leather cost)。

第二,未来如果发生通货膨胀,在经济活动的过程中也会产生额外成本。例如,如果通货膨胀导致所有商品的价格都上涨,政府就会需要更多的钱来维持民生,那么,国民就需要缴纳更多的税金。这时,政府就需要修改有关税金征收的法律,这将是一套非常烦琐的程序,而这些烦琐的事情是社会要支付的成本。

这样的事例虽然在程度上有所不同,但是适用于以规定的金额为基准而签订的所有合同。例如,如果物价一天比一天更高,那么每次都需要通过劳资协商来上调工资,这可谓是一件非常麻烦的事情。在这种情况下,即使通货膨胀已经被提前预测,也会带来某些社会成本。

第三，如果可以提前预测通货膨胀，随着物价的上涨，企业和商人则需要经常来调整商品的定价。通过收集价格变动的信息来调整商店里陈列的商品定价也会产生新的费用，这些费用统称为"菜单成本"（menu cost）。

像这样，可预测的通货膨胀会产生较少的成本。但是，在通货膨胀无法预测的情况下，造成的损失将比可预测时的损失更多。

通货膨胀不可预测的情况

在通货膨胀无法预测的情况下，随着物价上涨，人们的收入和财富就会变得不平等，企业的经营活动就会变得不健康，经济整体的稳定性就会下降。如此，劳动者和经营者努力工作的欲望就会大幅度降低。通货膨胀不可预测时究竟会产生什么后果呢？我们来具体了解一下吧。

随着人们的实际收入降低，会产生贫益贫，富益富的现象。如果物价上涨，人们就会在去市场买菜抱怨10000韩元根本买不来什么。这是因为随着物价的持续上涨，钱就会贬值。

此外，如果物价上涨，持有银行存款的人就会因为钱的购买力下降而蒙受损失，对没有房子的人们来说，如果房价上涨，购买房子就会变得更加困难，相对来说也会使他们变得更加贫穷。相反，如果通

贫益贫，富益富
贫益贫，富益富意味着原先贫穷的人会越来越贫穷，原先就富有的人会变得越来越富有。

如果发生通货膨胀，本国生产的商品价格就会上涨，对出口不利。相反，外国进口商品的价格相对便宜，进口就会增加。可以说，通货膨胀会使国际收支失衡。

货膨胀一直持续下去的话，房地产拥有者就会上调房地产价格，相对来说他们就会变得更加富有。

像这样，物价上涨会使收入和财富分配变得更加不平等。即通货膨胀一直持续的话，原先富有的人会变得更加富有，原先贫穷的人则会变得更加贫穷。

如果物价在不可预测的情况下一直上涨的话，人们就会增加消费，减少手中的存款。这是因为人们认为随着物价的上涨，存款的实际价值就会降低，在价格上涨之前购入商品会对自身更有利。

对劳动者来说，无法预测的通货膨胀会对他们产生什么样的影响呢？如果物价持续上涨，劳动者获得的工资的实际价值就会降低，

与此同时，房地产价格会大幅度上涨，周围突然变富的人就会增多，这样一来，工人们就会觉得自己的工资相对来说较低，从而失去努力工作的欲望。

那么无法预测的通货膨胀对公司的经营者或企业来说，会有什么影响呢？答案是：如果物价以无法预测的状态持续上涨，企业的经营活动就会变得不健康。

假设现在定价为1000韩元的商品,在一年之后,价格上涨为1200韩元,那么在这种情况下,对消费者来说,通过借款提前购入商品是有利的。这是因为我们已经预测到一年后物价会上涨。所以在通货膨胀的情况下,任何人都想借款,企业也会尽可能地借很多钱提前购入生产资料。最终,就会形成以扩大生产规模为主的经营形态。从整体上来看,整体经济过度负债的倾向就会提高。此外,再加上物价上涨时企业购买的原材料或制造的商品也会涨价,因此企业很容易松懈而放弃提高商品品质。

并且,通过从银行借来的钱购入房地产,可以使企业轻而易举地获得巨大的利益。那么,企业比起像以前一样集中力量进行生产活动或健康地经营，会更倾向于炒房或投机，而这最终会导致企业发展不健全。

如果无法预测的通货膨胀发生，经济整体的稳定性就会下降。如果无法预测通货膨胀，并且通货膨胀持续下去的话，那么未来的不确定性就会变大。如果难以准确地预测未来，就很难对将来做出应对措施。因此，经济的不确定性使得我们无法对未来做出合理的经济决策。最终，我们只能着眼于眼前所必须要处理的事情。

消费者由于不清楚在将来自己获得的实际收入，所以无法有计划地进行消费。即使他们辛苦地存钱购买房子，也无法确定将来房价的走向。最终，消费者也就无心规划未来并认真存钱了。

企业对于自身所拥有的财产的未来价值也会一无所知。因此,企业即使在长期展望后到了投资的时机,也会变得犹豫不决。在管理资金的时候,比起获得长期回报,企业更想获得短期回报,最终金融市场将陷入潜在的不安情绪之中。如果未来不稳定的话,市场上的资金就无法顺畅流动。

通货紧缩

既然通货紧缩和通货膨胀是相反的概念,而通货紧缩表示物价持续下跌,那么物价下跌,对人们来说难道不是一件好事吗?消费者可以以更低的价格买到商品了。

是的,很多消费者认为在发生通货紧缩时,用有限的工资可以购买到更多的商品,所以也可以说，发生通货紧缩对消费者来说是一件好事。在凯恩斯之前的古典学派经济学家认为，通货紧缩是伴随着经济停滞出现的非常自然的经济现象。

但是经历了经济大萧条后，人们意识到：通货紧缩不仅仅意味着商品价格下降。一般来说，物价的下降会带来消费的增加，对经济是有利的。但是像通货紧缩这样广泛而持续的物价下跌会使经济停滞更加严重。资产或商品价格持续下降对整个经济都会造成巨大的影响。那么，通货紧缩对经济造成致命影响的理由是什么呢？主要有以下四点。

第一，如果物价持续下跌，人们就会想：我为什么要现在就买东西呢，再过一阵子的话应该能更便宜一点吧。消费者会推迟消费。此

外，由于商品价格下降，预计收益变差的企业会减少投资。如上所述，延迟支付会导致进一步的经济下行和物价下跌，这是由于市场上商品无法立刻卖出。

第二，如果经济萎靡、物价持续下跌，企业就会减少生产规模并减少工作岗位。这会导致失业者增多，劳动者无法赚到钱，家庭收入就会进一步减少。这将导致人们的消费水平再次萎缩，加剧整体经济下行和物价下跌。

第三，如果因为通货紧缩导致物价下跌，贷款时所收取的利率的计算过程就会变得更复杂。为了说明这一点，接下来将介绍费雪效应，即通货膨胀率和名义利率的关系。

费雪在研究有关利息的理论时，把名义利率表示为实际利率和通货膨胀率的和，用下列等式表示。

> 名义利率 = 实际利率 + 通货膨胀率

在这个等式中，为了使实际利率不发生变化，应该怎么做呢？

如果为了不让实际利率发生改变，那么让

通货膨胀率发生改变就可以了，还是应该让名义利率发生变化？

这两种观点都是正确的。为了使实际利率不发生变化，随着通货膨胀率的变化，名义利率也应该以相同的比率发生变化才行。

中央银行在上调货币量的增长率时，根据交换方程式和货币数量论的原理，通货膨胀率会增长。随着通货膨胀率的增长，名义利率也会上调。那么名义利率上调的原因是什么呢？

名义利率上调的原因有可能是由于实际利率的上升，也有可能是通货膨胀率上升，这就是费雪效应。

让我们来将费雪效应的变形应用到通货紧缩中去吧。为了方便大家的理解，下面将举个例子说明。

> 要想下调名义利率,在不刺激通货膨胀期待心理的范围内调整货币,降低实际利率即可。

> 名义利率＝实际利率＋通货膨胀率
> 假如名义利率为14%的话,当预想的通货膨胀率为7%时,实际利率就应该是7%。

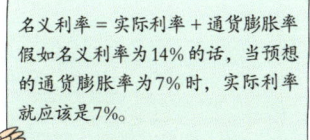

假设在物价不发生改变的情况下,你借给别人100万韩元,并且为期一年,那么你就能够得到10万韩元利息。即借出100万韩元的话,一年后连本带息一共可以获得110万韩元。

假如一台电脑的价格是100万韩元,那么,一年后用这110万韩元买一台电脑的话,会怎么样呢?结果就是,买回了一台电脑,另外还剩10万韩元。但是，假设在这一年之内，一台电脑的价格下跌到95万韩元的话，会怎么样呢？

这时，由于一台电脑的价格是95万韩元，用110万韩元购买的话，买完电脑之后手里还能剩15万韩元。

由此来看，由于电脑的价格下降了，所以你买完电脑后手里剩的金额上升为15万韩元。

在上述情况中，物价下跌，相当于利息增加了。如果你借了100万韩元给别人，最终获得利息就是10万韩元；但是，如果是借了一台电脑给别人，你最终获得的利息则是15万韩元。那么让我们通过等式来整理一下吧。

借款100万韩元的利息为10万韩元，这10万韩元称为名义利息。借给一台电脑的利息为

15万韩元，这15万韩元称为实际利息。那么，名义利息（10万韩元）和实际利息（15万韩元）之间的关系如下所示。

> 名义利息（10万韩元）+ 电脑价格下降幅度（5万韩元）= 实际利息（15万韩元）

将上面的等式中的名义利息、实际利息、电脑价格下降幅度全部除以100万韩元，则会得到如下等式。

> 名义利率（10万韩元/100万韩元=10%）+ 电脑价格下降率（5万韩元/100万韩元=5%）= 实际利率（15万韩元/100万韩元=15%）

如果电脑价格下降得更多，那么电脑价格的下降率也会随之增大，最终实际利率就会变得更大。出于方便，我们用代表所有商品价格水平的物价来代表电脑的价格，那么，上述等式可以写成如下。

> 名义利率 + 物价下跌率（通货紧缩率）= 实际利率

通货紧缩现象越严重，实际利率水平就越高。如果以贷款为代价支付的实际利率提高，导致人们不愿意从银行贷款，并且减少消费，那么市场上的资金无法有效周转，经济就会恶化，最终，通货紧缩会导致资金循环的金融市场萎缩，经济变得更加困难。

第四，负债的负担会增加。我们在借钱的时候，无论在此期间物价如何变化，今后要还的钱的金额是不变的。

比如说，当利率为10%时，一年内借了100万韩元，那么无论物价在此期间上涨或下跌多少，一年后都必须要偿还总共110万韩元的本金加利息。此时，随着物价的下跌，货币就会贬值。但是，由于需要偿还的钱和利息是一个确定的金额，与物价的下跌无关。因此，在这种情况下，由于物价的下跌，实际负债负担就会增加。

一般来说，房价在任何国家都很昂贵。所以人们买房子的时候，通常会从银行借一部分钱（贷款）。而银行在审批贷款时，为了防止客户无法偿还所借的钱，便会以房子作为担保。如果借款人还不起，银行就会卖掉抵押的房子，来收回借出的钱。像这样，从银行贷款并抵押住宅的制度叫作住宅抵押贷款。

实际上，在2008年，美国爆发了金融危机，这次金融危机就导致很多人的房产被收回。购房者以住宅为担保向银行借钱，但是，当房价下跌时，房产的价值也会降低。这时，银行就会要求借款人返还贷款，如果借款人无力偿还，银行便会收回房产并将其强制变卖。

当通货紧缩发生时，物价就会下跌，这看似是一件好事。但是从经济整体层面来看，如果通货紧缩现象长时间持续，将会对经济产生致命性的影响。因此，通货紧缩实际上是一种非常可怕的经济现象。

"D 幽灵"

最可怕的通货紧缩是由过度负债来购买的房地产或股票等资产，而后资产价格暴跌而导致的通货紧缩。我把它称为债务——通货紧缩（debt-deflation），这是费雪命名的众多经济用语之一。

债务－通货紧缩会陷入恶性循环。人们会在经济繁荣期对资产价格的升值空间高估，于是人们会通过大量举债来购入资产。当经济繁荣进入最后阶段，人们为了偿还债务就会将在此期间价格充分上涨的资产卖出去。这时拥有相同类型资产的其他投资者则会感到恐惧，害怕资产价值下降。这就导致人们在资产价格进一步下跌之前，急忙将所拥有的资产处理掉。然而，在这时，市场上充满了想要出售资产的人，却没有想要购入资产的人。这会导致资产价值暴跌。

资产价值暴跌，就会出现即使出售所有资产也无法偿还债务的情况。像这样，在不知道谁会破产的情况下，自然没有人愿意再借钱。因此金融市场就会陷入麻痹状态，部分金融机构也会陷入无法进行偿付的状态。无论是借款者还是贷款者都会陷入混乱。

随着寻找资金变得难如登天,金融市场的资金流动性迅速降低。在经济繁荣时期,当市场流通的资金却突然消失时,人们就会惊呼:啊,这么多的钱都去哪儿了呢?而这也将导致经济停滞和物价下跌现象的扩散,并且借款人的实际负债负担将进一步加重。借款人将减少消费,增加储蓄。因此,市场将再次陷入实物经济停滞和物价下跌进一步恶化的循环之中。

随着时间的推移,负债的负担迅速升高,赚钱也变得越来越难。随着在经济繁荣时期通过贷款资金来扩大生产的企业和投资者,因无法偿还债务而宣告破产的情况接连发生,经济将进一步停滞,物价也将持续下跌,借款者将会更难偿还债务。

在此过程中，企业将会不断倒闭，而借钱给企业的银行也将面临破产的局面。最终，实物经济和金融市场会陷入麻痹状态，这个过程就是债务–通货紧缩。

在1929年，美国大萧条时期就发生了类似的债务–通货紧缩现象。很多经济学家在描述当时的经济衰退时，并没有刻意使用"大萧条"一词。可能是因为经济学家们不愿回想起代表着通货紧缩或经济萧条的英文单词首字母"D"带来的恐惧。这真是想想都觉得可怕。

20世纪80年代末，日本经历了长期的经济繁荣后，房地产泡沫破裂。自此之后，日本开始了长达十多年的经济萧条。而20世纪30年代在美国出现的"D幽灵"在几十年后的日本又再次出现,这个"幽灵"的生命力很顽强吧!从20世纪80年代末到21世纪初,日本的债务-通货紧缩时期,被称为"失去的十年"。

再次向美国袭来的"D 幽灵"

受2008年上半年高油价的影响,加重的通货膨胀压力后来反而向物价下跌的方向发生了反转。这使得美国国债价格达到了史上最高水平,这也增加了债务-通货紧缩的可能性。

更何况,美国的消费者即使负债也依旧会购买商品进行消费,因此,每年美国都会被巨大的贸易赤字困扰,资金不足就从一些发展中国家借入资本,美国民众以超过自己收入的水平过度地进行消费。他们不

国债
中央政府为达到资金筹措或政策执行等公共目的而发行的债务。韩国于1949年首次发行建国国债。

努力工作而只热衷于消费和享受。在这种情况下，债务－通货紧缩如果成为现实，不仅会波及美国国内经济，而且还会扩散到整个世界。

另外，实物资产价值下降，货币资产价值上升的通货紧缩情况对拥有资产或商品的人是不利的，而对于拥有现金的人来说是有利的。不仅如此，这对于出借人是有利的，对于借款人是不利的。也就是说，通货紧缩与通货膨胀以相反的方向产生收入再分配的效果。

问题是，在此过程中常常伴随着经济停滞。因此，不仅是企业，负债购买股票或房地产的人也会面临困难。因为在资产价格下降的情况下，他们的收入也很可能会减少，因此很难偿还本金和利息，这些人的消费就会进一步减少，而这又将成为再次扩大整个经济消费停滞的因素。

恶性通货膨胀

什么是恶性通货膨胀

恶性通货膨胀是指每个月的通货膨胀率超过50%的经济现象。如果用几个月的复利来计算,通货膨胀率会导致物价极端迅速上涨。

恶性通货膨胀现象并不常见,但也并非罕见的现象。恶性通货膨胀曾经在多个时代都出现过。

为什么会发生恶性通货膨胀现象

为什么会发生恶性通货膨胀现象呢?确切来说,发生恶性通货膨胀的原因在于该国的中央银行过度发行货币。如果中央银行增加市场上流通的货币量，那么在不久之后，物价就会上涨。因此，如果中央银行过度发行货币，最终就会导致恶性通货膨胀的发生。

那么为什么中央银行会过度发行货币呢？在大部分情况下，发生恶性通货膨胀是由于政府无法确保财政收入可以覆盖财政支出。

政府想通过发行国债来增加财政收入，进而弥补财政赤字。但是如果因政府的信用度下降等各种原因难以发行国债的话，政府就要寻求其他的方法来填补赤字。在这种情况下，最容易且最具有吸引力的方法就是依靠货币超发。

一般采用不兑现纸币的话，货币印刷成本非常低廉。因此，当政府因财政赤字而陷入困境时，很容易抵挡不住超发货币

财政赤字
财政赤字一般是指年度财政支出大于财政收入的差额。

的诱惑。

第一次世界大战后，需要支付战争赔偿金和恢复国内经济的德国政府陷入了困境。德国政府的财政支出远远超过了财政收入，虽然政府通过发行国债弥补了部分的财政支出，但是，在当时，德国政府需要的金额比通过发行国债可以筹集到的金额要大得多。最终，德国政府选择超发大量的货币来缓解燃眉之急。

一旦发生恶性通货膨胀，政府的财政赤字问题必然会更加恶化，由于货币贬值，民众故意延期缴纳税金的现象也会更加严重，越是这样，由恶性通货膨胀导致的国家实际财政收入就越会恶化。

随着政府采用超发货币来填补财政赤字的经济运营方式更加坚定，过度的通货膨胀就会导致恶性通货膨胀的发生，而恶性通货膨胀会使政府的财政赤字问题更加恶化，这将再次导致通货膨胀进一步加重，并且陷入越来越严重的恶性循环中。

因恶性通货膨胀产生的成本

对于以缓慢速度出现的通货膨胀而产生的额外成本是多还是少这一问题，经济学家们对此意见不一。但是，对于恶性通货膨胀会对社会整体产生巨大危害这一点，经济学家们都表示赞同。从质量方面来看，恶性通货膨胀带来的额外成本与一般程度的通货膨胀带来的额外成本相似。但是当通货膨胀达到极端的水平，那么无论是其所产生的影响还是成本都是非常巨大的。

例如，随着人们持有的现金量减少，人们就会经常去银行存取款，因此鞋底成本在恶性通货膨胀下会变得更加严重。此外，菜单成本也在恶性通货膨胀下增加。在这种情况下，企业需要经常上调价格，这将会导致消费者对商品定价的不信任。

实际上，在20世纪20年代德国发生恶性通货膨胀期间，服务员每隔30分钟就会在餐桌旁向客人告知新的菜品价格。在此期间，由于价格不能正确地反映商品稀缺性，因此如果商品价格大幅度上涨，顾客为了了解商品最新的价格变化就需要时常去店里打听，然而，这实际上这是一件没有意义的事情。

此外，当恶性通货膨胀发生时，纳税人会选择推迟缴税时间。这是因为货币价值连续大幅度下降的话，推迟缴税时间对自身是有利的。最终，由于纳税者推迟缴税，政府的实际税收就会大幅度减少。

那么，对企业来说会怎么样呢？当现金的价值急速下降时，企业管理者就会倾注大量的时间来管理现金。相反，就会疏忽生产和投资决策等更具有价值的事情。最终，企业运营就会失去效率。

这将会给消费生活带来无法言喻的不便。请试想一下，人们去商店购买生活用品时，需要携带的货币体积，甚至比购买商品的体积还要大的场景吧。

实际上，在津巴布韦，为了买一个鸡蛋，有时需要相当于比鸡蛋体积大得多的纸币。在这种情况下，货币作为交易的工具，给人们带

欧文·费雪：物价

来了诸多不便。最终，无论是谁都不愿意再使用这种货币。

随着时间的推移，货币将丧失价值尺度、流通手段和支付手段的职能。这样一来，物物交换将会变得更普遍，甚至像美元一样的非本国法定货币也可以充当该国的法定货币。

解决恶性通货膨胀的方法

为了缓解这样的恶性通货膨胀，政府需要进行非常痛苦的财政改革。为了在短期内恢复长期松懈的财政状态和累积的国家债务，如果没有国民的忍耐和阵痛，多半是无法实现的。因此，为了减少财政赤字，国家需要果敢的政治决断，一旦问题变得严重，政府就需要大幅度减少财政支出并大幅增加财政收入，来减少政府的财政赤字。

虽然通货膨胀是货币现象,但恶性通货膨胀通常是通过消除财政赤字得以解决的。

物价是上涨好？还是下跌好？

物价以缓慢的速度上涨比较好。

物价缓慢地上涨：
· 企业利润增加。
· 生产规模扩大。
· 就业增加。
· 失业率降低。

但是这并不容易做到。

是指通货膨胀和通货紧缩吧？

当通货膨胀现象无法被预测时，会导致货币的购买力下降，房地产和土地价格上升，加剧贫益贫，富益富的现象。

通货紧缩通常出现在经济停滞期，持续、广泛的通货紧缩会使消费和投资减少，导致失业增加。

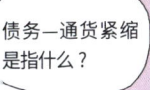

债务—通货紧缩是指什么？

"D 幽灵"

人们在经济繁荣时期，为了偿还债务，就会一次性出售其间积累的资产，资产价格暴跌。如果市场上资金枯竭，物价就会下跌，经济停滞，金融市场就会陷入麻痹。

非洲国家津巴布韦通货膨胀率极其高。这就是恶性通货膨胀状态。

人类可真是……

每个苹果
2,000,000,000

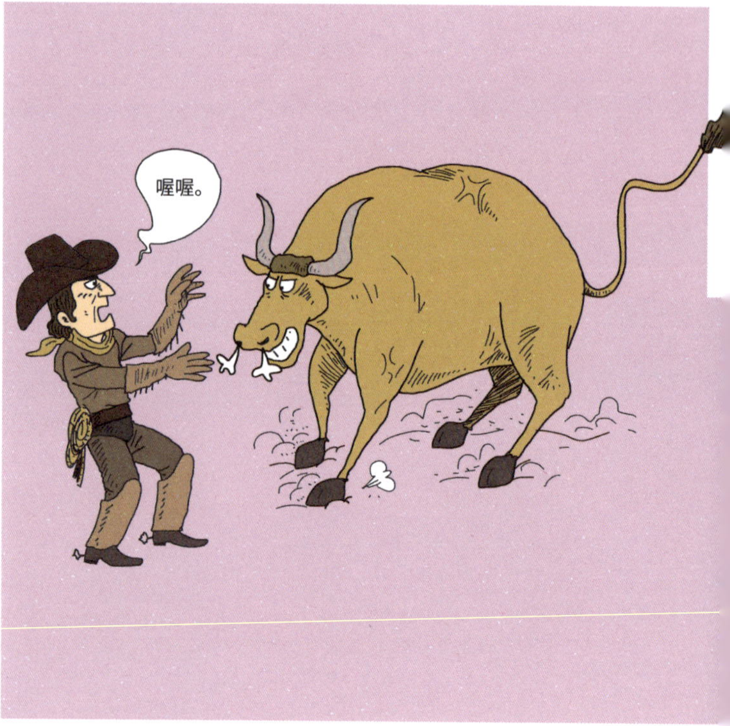
喔喔。

第五章

稳定物价的方法

不知不觉,已经是最后一章了!前文梳理了物价水平的相关概念。当物价水平大幅度变动时,对经济会产生巨大的影响。那么,现在为了稳定物价,我们应该做些什么呢?

稳定物价的手段

为了防止通货膨胀现象的发生,要怎么做才好呢?物价大体上是由总需求和总供给之间的关系来决定的。当总需求大于总供给时,物价就会上涨。因此,这时应该首先采取抑制总需求的政策。

一般抑制总需求的代表性政策手段总共有两种。一是调节国家生计的财政政策,二是调节在市场中流通货币量的货币政策。

假设由于经济过热,发生通货膨胀的可能

性正在增大。在这种情况下，制定经济政策的政府为了使经济降温，可以通过减少国家开销的方式来削减财政支出或者征收更多的税金来减少总需求。这算是更加精打细算来维持国家生计的方式，即通过财政政策来稳定物价的对策。

从促使资金流动的金融市场方面来看，也可以通过货币政策使经济降温来抑制总需求。在这种情况下，可以采用通过调节利率的利率政策从而调节市场上流通的货币量的货币政策。

一般来说，经济如果过热，物价不稳定的话，中央银行就会提高活期贷款利率水平。那么银行向客户贷款的利率、企业的

> 具有代表性的财政政策就是在美国经济大萧条时期，罗斯福总统实施的新政政策。此类财政政策不仅能够稳定物价，而且还具有使经济增长、收入再分配、资源分配等功能。

> 货币政策工具是中央银行为达到货币政策目标而采取的手段。

公司债券发行利率就会上升。由于利率提高，借钱的成本就会提高。因此，家庭的消费支出和企业的投资需求就会减少，最终导致经济整体的总需求也会减少，从而稳定经济。

此外，中央银行通过其他货币政策来抑制市场上的货币流动也能够获得与上调活期贷款利率相似的效果。即通过控制市场上的货币量来抑制经济过热，也就是通过货币政策来控制物价的对策。

> **活期贷款**
> 是贷款银行在发放贷款时不确定偿还期限，并可以根据自己资金调配的情况随时通知客户收回贷款的方式。

此外，提高总供给也是一种稳定物价的有效方法，包括提高生产效率、促进进口政策以及政府实施的价格稳定政策等多种方法。

提高生产率的方式，有促进设备的现代化、合理化以及提高基础设施建设等提高生产现场生

产效率的方式。此外，还包括促进流通加工合理化，以低廉的价格向消费者提供产品等方式。

促进进口政策包括下调关税、取消进口限制、扩大进口配额等。为了使国内急剧上涨的商品价格趋于稳定，可以从国外进口同种商品。此前在日本曾发生过蔬菜价格暴涨的现象，在当时，日本政府采取了临时性紧急措施，向中国台湾以及韩国进口蔬菜来保持物价的稳定。

农畜产品供给稳定储备就是具有代表性的政府的价格稳定政策。当农畜产品供给出现异常导致价格暴涨时，可以通过释放农畜产品供应稳定储备的部分农畜产品来稳定市场价格。此外，强化石油等重要物资的储备体制，并根据需求进行发放，也是政府稳定的价格措施。

那么，除了调节总需求和总供给的方法，还有其他的方法吗？

如果企业之间相互勾连成为一伙，成立签订秘密调节价格的组织卡特尔，违背公平交易，人为地提高价格，那么物价就会因此上涨。另外，如果企业的竞争被限制，企业就会疏于经营，最终导致经营成本增加，物价就会上涨。因此，政府应该严格执行公平交易法，管制违法卡特尔组

> **卡特尔**
> 这是同种或类似产业领域的企业相互协商价格、产量、出货量等以求限制竞争、获得利润的组织。石油输出国组织（OPEC）便属于国际规模的卡特尔组织。

织以及其他不公平交易等限制竞争的行为，致力于维护并促进企业间的竞争。

从某种意义上来说，这些对策最重要的是不助长经济主体的通货膨胀心理。如果认定今后物价会上涨，企业和消费者就会按照这样的心理和期待行动。随着需求的膨胀，物价就会上涨。因此，为了消除这种通货膨胀心理，经济主体有必要保持对物价会维持稳定的绝对信任。

那么，为了维持物价稳定，应该付出什么样的经济代价呢？

物价稳定的代价

为了降低通货膨胀，必须做出失业率必然

提高的经济牺牲。也就是说，无法保证通货膨胀和失业率同步降低，即物价上涨率和失业率之间存在着相互冲突的关系。想要降低通货膨胀率，那么失业率就会上升；想要降低失业率，那么通货膨胀率就只能上升。

最早指出这一点的是新西兰经济学家威廉·菲利普斯（William Phillips）。他以1861年至1957年的英国统计资料为基础，发现了通货膨胀率和失业率之间存在一定函数关系。

威廉·菲利普斯
新西兰经济学家。在菲利普斯之前，经济学家对通货膨胀和失业的研究是单独进行的。菲利普斯在通过论文整理并发表这两个经济概念之间的关系后名声大噪。

通货膨胀率和失业率之间的关系如图5-1所示，这个图叫作"菲利普斯曲线"（Phillips Curve）。该曲线意味着为了降低通货膨胀率，

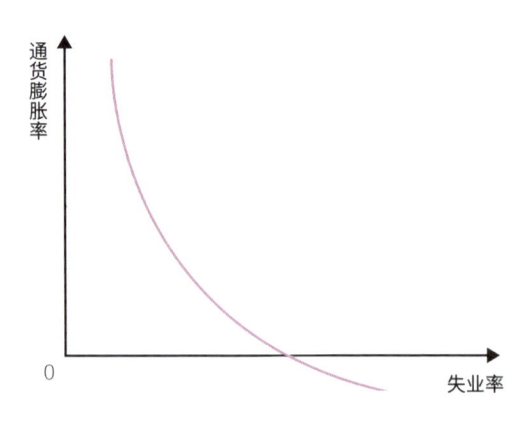

图5-1 菲利普斯曲线

最终就必须要接受失业率上升,该比率被称为牺牲率。

例如,为了使通货膨胀率降低1%,必须接受失业率提高3%,那么此时牺牲率就是3。牺牲率越大,意味着国民经济为了降低通货膨胀率,而付出的代价即成本就越大。

那么难道就不可能兼顾通货膨胀率和失业

率吗？对此，经济学家认为是有可能的。失业率上升，意味着经济停滞的程度变得更加严重。有一个方法可以防止经济停滞程度进一步加深。

前提是要满足以下两个条件。

第一，在劳动者和企业形成对通货膨胀期待之前，政府应该提前发布降低通货膨胀的计划。

第二，劳动者和企业应该充分相信政府发布的计划。

只有国民对发布稳定物价政策的政府给予绝对的信任，才能做到这一点。也就是说，对降低通货膨胀政策的信赖程度成为决定政策所付出代价的一个因素。因此，如果人们给予政府绝对的信任，那么，在不以失业率上升和经济萧条为代价的情况下，也可以保持物价稳定。

通货膨胀目标制

韩国银行作为韩国的中央银行，通过发布"通货膨胀目标制"（Inflation Targeting）来稳定物价。通货膨胀目标制是什么呢？

这个制度是指提前向国民告知未来一年的通货膨胀率目标，并且为了实现这一目标而实行的物价政策。政府向国民做出维持物价稳定的承诺，并遵守这一承诺。自1990年新西兰首次引入这个制度以后，之后扩散到加拿大、英国和瑞典等。

韩国银行每三年向国民提出下一个三年的物价稳定目标。为了经济的持续增长，国民未来预测通货膨胀率的稳定对工资、商品价格等会产生巨大影响。而这个制度正是基于这种认识而制定的。之前前文在讲解菲利普斯曲线时曾提到，如果国民对物价政策的信赖度高，可以降低牺牲率，甚至在极端情况下也可以使牺牲率为零。因此，可以说该政策的目标是提高国民对物价政策的信赖度。

如果国民对中央银行的承诺，即物价目标完全不信任的话，那么国民就有可能会做出和中央银行相反的经济决策。

例如，即使中央银行宣布，将今年的物价控制在3％以内，如果国民并不信任中央银行，劳动者在工资协商中可能会要求提高10％的工资，个人服务商也可能提高10％以上的工资。这样一来，这个制度失败的概率就会变高。

扩展知识

核心通货膨胀

世界上大部分国家为了维持物价稳定,都会采取通货膨胀目标制,以消费者物价指数为中心来设定物价稳定目标。但是,由于一部分商品在不可控的因素下急剧上涨和下跌会对消费者物价指数产生影响。因此,在这种情况下,如果短期内以消费者物价指数为基准,一贯性的货币政策便很难奏效。

在韩国,具有代表性的就是农产品和能源价格的变动。这两种商品的价格难以通过韩国银行的物价政策来调控。农产品价格会根据季节的变化而变动。而能源价格则受海外因素影响。因此，便产生了核心通货膨胀的概念。

核心通货膨胀具备精准预测物价变动的趋势以及通过政策进行调控的优点。但是，如果韩国银行将消费者在日常生活中经常接触到的农产品以及石油类价格排除在政策考虑之外，那么人们对这一货币政策的信任程度可能会降低，这也是核心通货膨胀目标存在的问题。

在2000年到2003年期间，核心通货膨胀目标以1年为单位区间。但是，货币政策的效果涉及实物经济，一般短则6个月，长则2年。所以，有必要延长货币政策的目标期限。因此，通货膨胀目标管理方式改为如今的以3年平均通货膨胀率为基准来判定目标是否达成，以及以1年为单位检查、说明通货膨胀目标制运营情况的方式。

只有调控好物价，经济才能复苏……如何做到呢？难道用这个？
用那个能行吗？
国家通过财政政策和货币政策来抑制通货膨胀的发生。
减少财政支出！
上调利率！
同时，也通过提高企业生产效率及下调关税来促进进口。
但是，能够抑制通货膨胀预期心理的最重要的还是人们对政府的信任。
请相信我。
稳定物价的同时，没有要付出的代价吗？
有，失业率会增加。
您的职业是？
我失业了。
通货膨胀和失业率，有没有两手抓的方法呢？
通货膨胀
失业率
只有政府公布物价稳定计划，并且国民给予政府绝对的信任，才有可能实现！
你相信吗？
什么？

结语

货币量增加，物价就会上涨

物价在经济学中是重要的五个概念之一，这是因为，物价是了解经济健康程度的重要指标。

感冒发烧的时候，体温会比平常要高，因此经常会用到体温计来判断身体是否发热。经济也是同样的道理，为了检查一个国家的经济是否健康，首先要观察这个国家的物价水平。

物价水平上升也被认为是经济过热需要一

定程度的放缓的信号,这与人体的体温升高则需要进行休息或治疗的道理是一样的。而物价水平下降则意味着经济没有活力,故而需要增强活力。

在1929年经济大萧条之后,即使费雪因为投资股票几近破产,也仍然坚持对经济大萧条的研究,最终得到"物价下跌是最大的问题"的结论。费雪一生中最重视的经济问题是物价的稳定。

费雪将所有的关心都集中在货币问题的研究以及货币量的变化对物价和实体经济活动会产生怎样的影响上。通过多年的研究,费雪最终得到了市场上流通的货币量的增加会使物价上涨,市场上流通的货币量的减少会使物价下跌并且使经济萎缩的结论。因此,费雪主张为了稳定经济，就要稳定市场上流通的货币量。

费雪通过数理性和统计性的研究结果来说明经济现象，特别是交换方程式对货币数量论和货币需求理论的诞生做出了巨大的贡献。

如果无视物价对经济发出的信号，那么经济秩序就有可能崩溃。这就像当人体的体温失衡，却不尽快采取措施的话，就可能会对生命健康造成影响的道理是一样的。同理，我们也应该铭记将物价稳定在正常水准是比任何事情都重要的。

但是，由于费雪在经济理论中导入了计量经济学的数学计算方式，所以，有很多人认为他是一个让人难以理解的经济学家。当然费雪最重视和主要研究的学问是经济学。但是，经济学并不是一门独立的学科。因此，费雪在经济学中也导入了数学，除经济学之外，费雪还专注于增进人类福利的健康法等研究。

经济学绝对不是一门独立的、困难的学科，经济学可以和其他学科产生联系。因此，可以说经济学是与我们日常生活关系非常密切的学问。希望大家可以以不同的视角来看待经济问题。

经济学和许多学科都有联系。